우리 아이 문해력 키우는

창의력 글쓰기

2

1학년 2학기~2학년 1학기

꾸며 주는 말, 인물 소개
마음을 나타내는 말
말놀이, 소리가 비슷한 말

서지원 글

크레용하우스

차례

첫 번째 이야기

오즈의 마법사

외나무다리를 건너요 · 10
여왕벌의 결혼을 축하해요 · 12
낱말을 알아맞혀요 · 14
소원을 빌어요 · 16
가을에 볼 수 있는 것을 알아봐요 · 18
전통 음식을 만들어요 · 20
나라를 상징하는 것을 만들어요 · 22
동쪽과 서쪽 나라를 비교해요 · 24
꽁꽁 얼어붙은 동쪽 나라에 갔어요 · 26
마녀의 성을 향해 가요 · 28
서로서로 도와요 · 30

두 번째 이야기

해적 빌의 모험

암호 편지를 알아맞혀요 · 34
일어난 일을 짐작해 봐요 · 36
해적의 일기를 읽어 봐요 · 38
해골섬의 괴물을 상상해 봐요 · 40

해적의 마음으로 시를 써 봐요 · 42
괴물 가족을 소개해요 · 44
괴물들의 마음을 알아봐요 · 46
말놀이로 함정을 탈출해요 · 48
애꾸눈 해적의 편지를 따라 써요 · 50
숨겨진 이야기를 상상해 봐요 · 52
황금을 찾으면 어떻게 할까요? · 54
해적 만화를 만들어요 · 56
해골섬을 실감 나게 이야기해요 · 58
샌드위치 맛을 표현해요 · 60
해적에게 어울리는 옷을 만들어요 · 62

세 번째 이야기
로보키오와 제페토 박사

특별한 사탕을 만들어요 · 66
나는 이다음에 커서 뭐가 될까요? · 68
날씨를 이야기해 봐요 · 70
재미있는 이야기를 완성해요 · 72
과자로 만든 집을 구경해요 · 74
가족에게 감사 편지를 써 봐요 · 76
여름을 떠올려 봐요 · 78
로보키오를 구해 줘요 · 80

이 책의 특징 및 활용법

1. 귀여운 캐릭터들과 함께 신나는 모험을 떠나며 낱말부터 문장까지 **단계적으로 학습해** 글쓰기에 대한 두려움을 없앨 수 있어요.

2. 이야기를 읽고 이해하고 응용해 나만의 글을 써 보며 자연스럽게 **문해력**을 키울 수 있어요.

3. 다양한 소재의 글감을 통해 **창의력과 상상력**을 키울 수 있어요.

4. 초등학교 저학년 통합 교과는 물론 국어 교과 관련 학습 활동을 통해 **교과 공부에 도움**을 줄 수 있어요.

5. 글쓰기에 정답은 없어요. 자신만의 특별한 '생각 씨앗'을 키우는 게 중요하지요. 자유롭게 글쓰기 훈련을 하며 **나만의 생각 씨앗**을 만들 수 있어요.

6. 4차 산업 혁명 시대에는 **논리적 사고**가 중요해요. '생각 씨앗'을 이용해 자신의 생각을 논리적으로 풀어내는 훈련을 할 수 있어요.

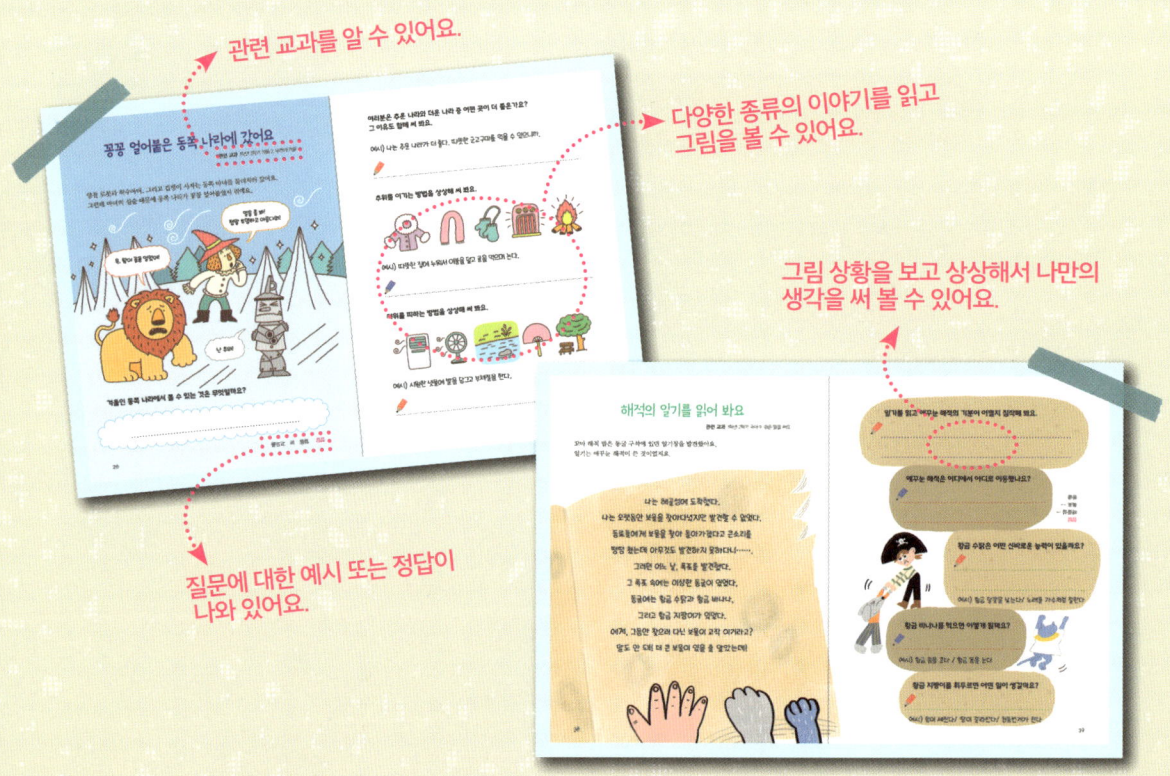

관련 교과를 알 수 있어요.

다양한 종류의 이야기를 읽고 그림을 볼 수 있어요.

그림 상황을 보고 상상해서 나만의 생각을 써 볼 수 있어요.

질문에 대한 예시 또는 정답이 나와 있어요.

작가의 말

서점에 글쓰기 책이 많이 나와 있어요. 학습지처럼 반복적으로 글을 써 보게 하는 책도 있고, 여러 문장으로 글쓰기를 연습하는 책도 있어요. 하지만 글쓰기를 잘하려면 무엇보다 중요한 것이 있어요. 나만의 '생각 씨앗'이 있어야 한다는 거예요.

정말 글을 많이 쓴다고 잘 쓰게 될까요? 내용 없는 글을 길게만 쓴다고 잘 쓴 글일까요?

잘 쓴 글이란, '자신의 생각과 감정'을 잘 전달하는 글이지요. 그것이 들어 있지 않은 글은 단순한 글자들의 나열일 뿐이랍니다.

**글은 생각에서 나와요. 생각이 없으면 글을 쓸 수 없어요.
따라서 글쓰기는 '생각 쓰기'예요.
이 책은 '생각을 만들어 주는 글쓰기 책'이에요.**

글쓰기를 잘하려면 따라 쓰는 훈련을 해야 하는 게 아니라, 생각을 만드는 연습을 해야 해요. 그게 바로 창의력이지요.

또한 글쓰기를 잘하려면 글쓰기에 대한 두려움이 없어야 해요. 잘 써야 한다는 부담감을 버려야 해요. 동화 속 주인공이 되어 즐겁게, 마음대로, 자유롭게 글을 쓰면 됩니다. 다양한 답이 나올 수 있겠지요.

나만의 이야기를 써 나가다 보면, 어느새 창의력으로 뿌리를 내리고, 생각의 씨앗에서 톡톡 싹이 돋고, 상상력으로 커다란 나무가 자라고, 논리력으로 어떤 폭풍에도 흔들리지 않는 글쓰기 영재가 될 것입니다.

글쓰기에 재미를 느끼길 바라는

서지원

첫 번째 이야기
오즈의 마법사

"마음을 가지려면 어떻게 해야 하나요?"
삐걱대는 양철 로봇은 사람처럼 따뜻한 마음을 갖고 싶었어요.
"오즈에 사는 마법사라면 마음을 만들 수 있을 거야."
그 말을 들은 양철 로봇은 마법사를 찾아가기로 했지요.
얼마나 갔을까요? 숲에서 바스락 소리가 났어요.

허수아비가 비틀비틀 걸어 나왔지요.
"난 항상 바보라고 놀림을 받아 왔어.
나도 사람처럼 똑똑해지고 싶어."
"오즈의 마법사에게 부탁해 보자.
그 마법사라면 너를 지혜롭게 만들어 줄 거야."
그러자 이야기를 엿듣던 겁쟁이 사자가 나타났어요.
"마법사가 나도 용감하게 만들어 줄 수 있을까?"
이렇게 해서 양철 로봇과 허수아비, 그리고 겁쟁이 사자는
오즈의 마법사를 찾아가게 되었지요.

외나무다리를 건너요

관련 교과 1학년 2학기 가을 1. 내 이웃 이야기

외나무다리를 건널 때는 차례로
큰 덩치대로 차례차례
외나무다리를 건널 때는 사이좋게
먼저 가겠다고 싸우면 큰일 나지

어디선가 노랫소리가 들려왔어요.
노랫소리를 따라 가다 보니 아찔한 절벽이 나타났지요.
절벽을 빠져나가려면 외나무다리를 건너야 해요.

그때 누군가가 물었어요.
"이 노래의 제목은 무엇일까?"

여러분이 노래 제목을 정해 줘요.

예시) 다리를 건너자 / 조심조심 / 외나무다리

....

내 생각엔 노래 제목이 '차례차례'일 것 같아.

아니, 뭔가 더 톡톡 튀는 제목일 거야.

외나무다리를 건널 때 어떻게 해야 할까요? 주의할 점들을 써 봐요.

....

....

정답 1. 차례차례 건너야 한다. 2. 사이좋게 건너야 한다. 3. 먼저 가려고 싸우지 않는다.

여왕벌의 결혼을 축하해요

관련 교과 1학년 2학기 가을 1. 내 이웃 이야기

양철 로봇과 허수아비, 그리고 겁쟁이 사자가 길을 가는데 어디선가 시끌벅적한 소리가 들려왔어요.

때마침 여왕벌의 화려한 결혼식이 열리는 중이었지요.
이곳을 무사히 지나가려면 축하 노래를 불러 줘야 한대요.

결혼을 축하하는 노랫말을 만들어 봐요.

> **보기**
>
> 즐겁게   아름다운   오래오래   결혼   기쁜   멋지게
> 축하합니다   행복한   행복한

예시) 축하합니다, 축하합니다.
윙윙 여왕벌 님의
행복한 결혼을 축하합니다.

축하 노래를 들은 여왕벌이 선물로 달콤한 꿀을 주었어요. 이 꿀로 무얼 하면 좋을까요?

낱말을 알아맞혀요

관련 교과 1학년 2학기 가을 1. 내 이웃 이야기

양철 로봇과 허수아비, 그리고 겁쟁이 사자는 마녀의 집에서 하룻밤 묵기로 했어요. 마녀는 잠을 재워 주는 대신 가로 세로 낱말 놀이를 하자고 했지요.

허수아비는 마녀가 잠든 사이 마법책을 살펴보았어요.
마녀를 개구리로 만들 마법을 찾아냈지요.
그런데 책이 찢어져 있어요.
과연 마녀를 개구리로 만들려면 어떤 주문을 외워야 할까요?

> 마녀를 개구리로 만들려면 마법의 주문을

> 마법의 주문은 울랄라 뿔랄라

여러분이 다음 마법의 주문을 완성해 보세요.

예시) 마녀야, 울랄라 뿔랄라
      개구리가 되어라, 얍!

....

....

....

소원을 빌어요

관련 교과 1학년 2학기 가을 1. 현규의 추석

양철 로봇과 허수아비, 그리고 겁쟁이 사자는 어느 마을에 도착했어요. 그런데 마을은 추석 준비로 분주했지요.

양철 로봇과 허수아비, 그리고 겁쟁이 사자는 휘영청 밝은 보름달을 향해 소원을 빌었어요.

여러분도 달에게 소원을 빌어 봐요.

달님, 내 소원은

....

....

....

만약 달님이 소원을 이뤄 준다면 여러분은 무엇을 할 건가요?

허수아비

난 과학자가 되어서 사람들을 위한 발명품을 많이 만들겠어.

사자

소원이 이뤄진다면 난 이 나라를 든든히 지킬 테야!

나

....

....

....

가을에 볼 수 있는 것을 알아봐요

관련 교과 1학년 2학기 가을 1. 현규의 추석

양철 로봇과 허수아비, 그리고 겁쟁이 사자는 길을 잃었어요.
오즈의 나라로 가려면 가을에 볼 수 있는 식물의 이름을 정확히 알아야 한대요.

사다리를 따라 식물의 이름을 써 봐요.

은행잎   국화   코스모스   단풍잎   정답

그밖에 가을이 되면 볼 수 있는 것은 무엇일까요?
꾸며 주는 말에 알맞은 그림을 연결해 봐요.

고개 숙인	·	·	감
달콤하게 익은	·	·	벼
하늘하늘 흔들리는	·	·	밤
토실토실 고소한	·	·	코스모스

가을이면 볼 수 있는 것을 이용해 짧은문장을 써 봐요.

예시) 푸른 가을 하늘에 잠자리가 날아다녀요.

전통 음식을 만들어요

관련 교과 1학년 2학기 겨울 1. 여기는 우리나라

양철 로봇과 허수아비, 그리고 겁쟁이 사자는 몹시 배가 고팠어요.
그때 동쪽에 사는 착한 마녀가 나타났지요.

"내가 마녀들이 먹는 특별한 전통 음식을 만들어 주마."

마녀가 만든 전통 음식의 이름은 무엇일까요?

....

20

마녀의 전통 음식은 어떤 맛이 날까요?

························· 맛이 나요!

보기

새콤한   달달한   떫은   짠   시큼한

여러분이 좋아하는 우리나라의 전통 음식은 무엇인가요?

그 음식을 좋아하는 이유를 써 봐요.

···

···

나라를 상징하는 것을 만들어요

관련 교과 1학년 2학기 겨울 1. 여기는 우리나라

드디어 오즈의 나라에 도착했어요!
그런데 오즈의 나라에는 나라를 상징하는 국기도, 국가도, 국화도 없대요.

여러분이 오즈의 나라 국가를 만들어 줘요.

살기 좋은 나라 오즈는 ……………… 하고요,

아름다운 나라 오즈는 ……………… 하지요.

정다운 나라 오즈는 ……………… 하고요.

친절한 나라 오즈는 ……………… 하지요.

아아아, 나는 오즈의 국민!
아아아, 나는 오즈의 어린이!

우리나라 국가인 애국가는 '동해 물과 백두산이 마르고 닳도록'으로 시작하지.

난 좀 재미있는 국가를 만들고 싶어. 어떤 가사를 넣어 볼까?

오즈의 나라 국화로는 어떤 꽃이 어울릴까요? 골라서 이유를 써 봐요.

보기

.... 이다. 그 이유는 ....

....

국기와 국가, 국화가 있으면 어떤 점이 좋을까요?

국기만 보고도 어떤 나라인지 알 수 있잖아!

국화를 보면 그 나라가 느껴질 것 같아.

....

....

동쪽과 서쪽 나라를 비교해요

관련 교과 1학년 2학기 겨울 1. 여기는 우리나라

오즈의 나라는 동쪽과 서쪽으로 갈라져 있어요.
동쪽을 지배하는 마녀는 못된 마녀이고 서쪽을 지배하는 마녀는 아주 착한 마녀라고 해요. 그래서인지 동쪽과 서쪽 사람들의 생활 모습도 달라요.

동쪽 사람들의 생활 모습은 어떠한가요?

> 예시) 매우 갑갑하고 엄격하다.

서쪽 사람들의 생활 모습은 어떠한가요?

> 예시) 매우 자유롭다.

> 우리가 힘을 합쳐 동쪽 마녀를 물리치자!

> 그래, 동쪽과 서쪽 사람들이 자유롭게 왔다 갔다 할 수 있게 해 주는 거야.

동쪽과 서쪽 사람들이 자유롭게 왔다 갔다 하면 어떤 점이 좋을까요?

예시) 서로의 좋은 점을 보고 배울 수 있다.

꽁꽁 얼어붙은 동쪽 나라에 갔어요

관련 교과 1학년 2학기 겨울 2. 우리의 겨울

양철 로봇과 허수아비, 그리고 겁쟁이 사자는 동쪽 마녀를 물리치러 갔어요.
그런데 마녀의 심술 때문에 동쪽 나라가 꽁꽁 얼어붙었지 뭐예요.

겨울인 동쪽 나라에서 볼 수 있는 것은 무엇일까요?

정답 얼음, 눈雪, 고드름

**여러분은 추운 나라와 더운 나라 중 어떤 곳이 더 좋은가요?
그 이유도 함께 써 봐요.**

예시) 나는 추운 나라가 더 좋다. 따뜻한 군고구마를 먹을 수 있으니까.

....

추위를 이기는 방법을 상상해 써 봐요.

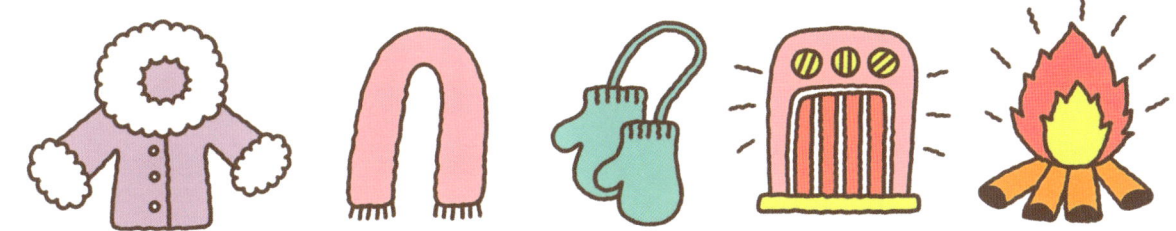

예시) 따뜻한 집에 누워서 이불을 덮고 귤을 먹으며 논다.

....

더위를 피하는 방법을 상상해 써 봐요.

예시) 시원한 냇물에 발을 담그고 부채질을 한다.

....

마녀의 성을 향해 가요

관련 교과 1학년 2학기 겨울 2. 우리의 겨울

양철 로봇과 허수아비, 그리고 겁쟁이 사자는 동쪽 마녀가 사는 겨울 성을 향해 갔어요. 그런데 눈이 너무 많이 내려서 가기가 힘들어요. 쉽게 갈 방법은 없을까요?

1. 썰매를 타고 간다.
2. 스키를 타고 간다.
3. 커다란 연을 타고 간다.

여러분도 겨울 성으로 갈 수 있는 좋은 방법을 생각해 봐요.

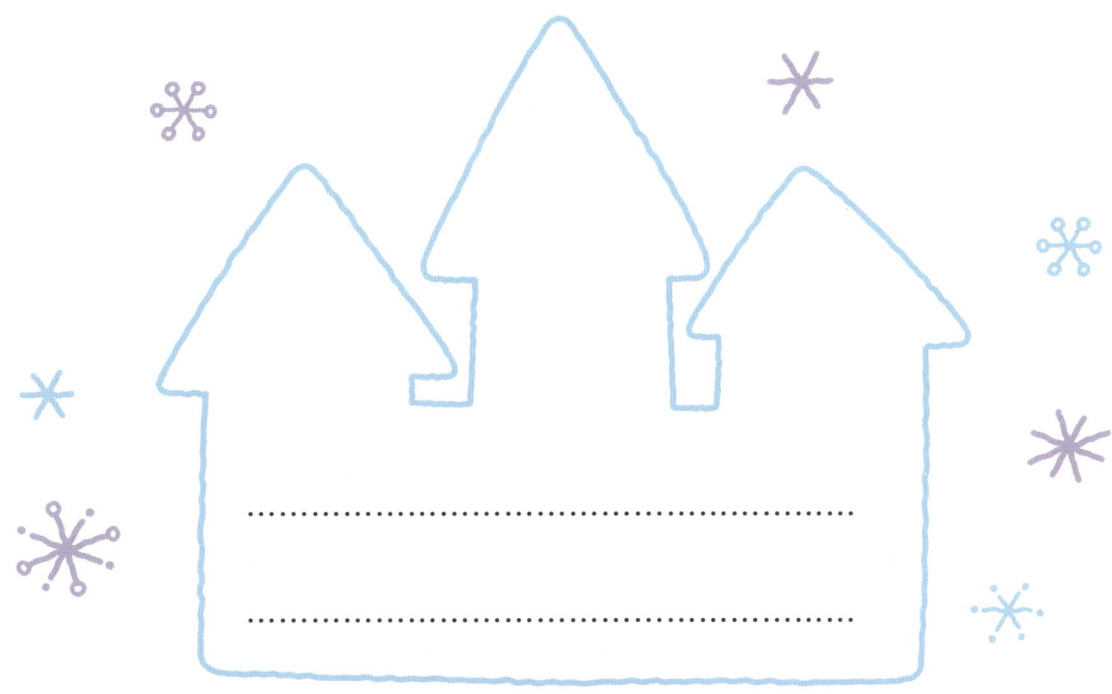

예시) 용에게 불을 뿜게 해 얼음을 녹인다.

서로서로 도와요

관련 교과 1학년 2학기 겨울 1. 우리의 겨울

양철 로봇과 허수아비, 그리고 겁쟁이 사자는 동쪽 마녀를 놓치고 말았어요. 그리고 오즈의 마법사도 만날 수 없었지요.

- 이제 우리끼리 힘을 합쳐 서로 도우며 살아가자.
- 나는 따뜻한 마음은 없지만 머리가 좋은 편이야.
- 난 머리가 나쁘지만 마음만은 누구보다 따뜻하지.
- 난 겁쟁이지만 행동이 빨라.

양철 로봇과 허수아비, 그리고 겁쟁이 사자는 각자 누구를 도와주어야 할까요?

- 허수아비 — 행동이 느린 사람
- 사자 — 공부를 잘 못하는 사람
- 양철 로봇 — 형편이 어려운 사람

다른 사람을 돕고 배려하는 친구에게 어떤 상을 주면 좋을까요?

예시) 진심 어린 칭찬과 칭찬 스티커

다른 사람을 배려하는 친구에게 어떤 칭찬을 하면 좋을까요?

예시) 넌 정말 착하고 멋진 아이야!

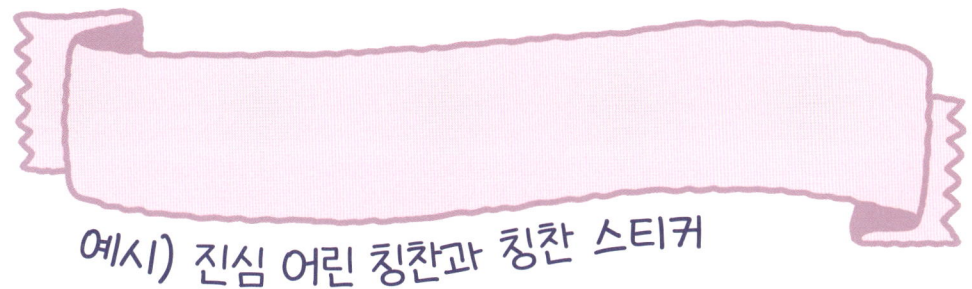

두 번째 이야기
해적 빌의 모험

빌은 꼬마 해적이에요.
빌의 꿈은 해적선을 타고 먼바다로 여행을 떠나는 것이지요.
어느 따스한 오후, 빌은 할아버지가 집을 비운 사이
해적선에 올라탔어요.
고양이 푸푸와 강아지 치치도 함께였지요.

"출발!"
빌이 소리치자 이게 웬일이에요!

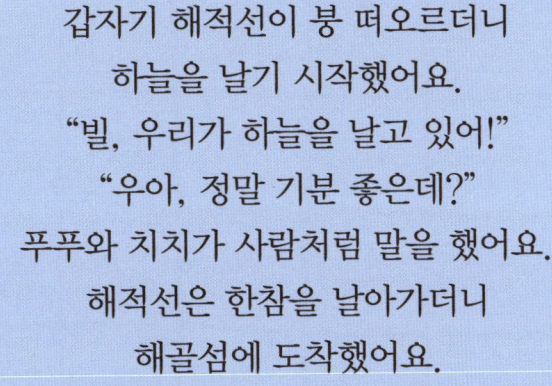

갑자기 해적선이 붕 떠오르더니
하늘을 날기 시작했어요.
"빌, 우리가 하늘을 날고 있어!"
"우아, 정말 기분 좋은데?"
푸푸와 치치가 사람처럼 말을 했어요.
해적선은 한참을 날아가더니
해골섬에 도착했어요.

암호 편지를 알아맞혀요

관련 교과 2학년 1학기 국어 4. 말놀이를 해요

꼬마 해적 빌과 고양이 치치, 강아지 푸푸는 주변을 두리번두리번! 그런데 바닥에 낡은 쪽지가 떨어져 있지 뭐예요. 빌은 보물이 묻혀 있는 곳을 알려 주는 단서라는 걸 단번에 알아차렸지요.

암호 편지를 풀어 써 봐요.

....

....

정답 이 글들 따라가며 똑같이 나올 거야. 그 쪽을 아래에 비밀 암호가 있었다니.

여러분도 비밀 암호 편지를 써 봐요.

일어난 일을 짐작해 봐요

관련 교과 1학년 2학기 국어 7. 무엇이 중요할까요

꼬마 해적 빌과 고양이 치치, 강아지 푸푸는 동굴을 발견했어요.
동굴 벽에는 애꾸눈 해적의 그림이 그려져 있었지요.

그림을 보고 과연 애꾸눈 해적에게 무슨 일이 있었는지 짐작해 봐요.

 애꾸눈 해적이 발견한 것은 무엇인가요?

 애꾸눈 해적은 발견한 것으로 어떤 행동을 했을까요?

 애꾸눈 해적은 어떻게 되었을까요?

해적의 일기를 읽어 봐요

관련 교과 1학년 2학기 국어 9. 겪은 일을 써요

꼬마 해적 빌은 동굴 구석에 있던 일기장을 발견했어요.
일기는 애꾸눈 해적이 쓴 것이었지요.

나는 해골섬에 도착했다.

나는 오랫동안 보물을 찾아다녔지만 발견할 수 없었다.

동료들에게 보물을 찾아 돌아가겠다고 큰소리를

떵떵 쳤는데 아무것도 발견하지 못하다니…….

그러던 어느 날, 폭포를 발견했다.

그 폭포 속에는 이상한 동굴이 있었다.

동굴에는 황금 수탉과 황금 바나나,

그리고 황금 지팡이가 있었다.

에계, 그동안 찾으러 다닌 보물이 고작 이거라고?

말도 안 돼! 더 큰 보물이 있을 줄 알았는데!

일기를 읽고 애꾸눈 해적의 기분이 어떨지 짐작해 봐요.

애꾸눈 해적은 어디에서 어디로 이동했나요?

움론
← 늪표
← 용배룬답
용수

황금 수탉은 어떤 신비로운 능력이 있을까요?

예시) 황금 달걀을 낳는다 / 노래를 가수처럼 잘한다

황금 바나나를 먹으면 어떻게 될까요?

예시) 황금 꿈을 꾼다 / 황금 똥을 눈다

황금 지팡이를 휘두르면 어떤 일이 생길까요?

예시) 힘이 세진다 / 땅이 갈라진다 / 천둥번개가 친다

해골섬의 괴물을 상상해 봐요

관련 교과 1학년 2학기 국어 10. 인물의 말과 행동을 상상해요

애꾸눈 해적의 일기에는 무시무시한 괴물에 관한 이야기도 있었어요.

토끼처럼 쫑긋쫑긋한 귀를 가졌고
사자처럼 북슬북슬한 갈기가 있고,
악어처럼 뾰족뾰족한 이빨을 가진 데다가,
원숭이처럼 길쭉길쭉한 긴 꼬리와
곰처럼 빵빵한 배를 가진 괴물이래요.

괴물의 성격은 어떨까요?

으악, 괴물이 나타났어요!
그런데 괴물이 알 수 없는 말을 하지 뭐예요.

괴물이 과연 뭐라고 말한 걸까요?

해적의 마음으로 시를 써 봐요

관련 교과 2학년 1학기 국어 1. 시를 즐겨요

애꾸눈 해적은 동굴 벽에 시를 써 두었어요.

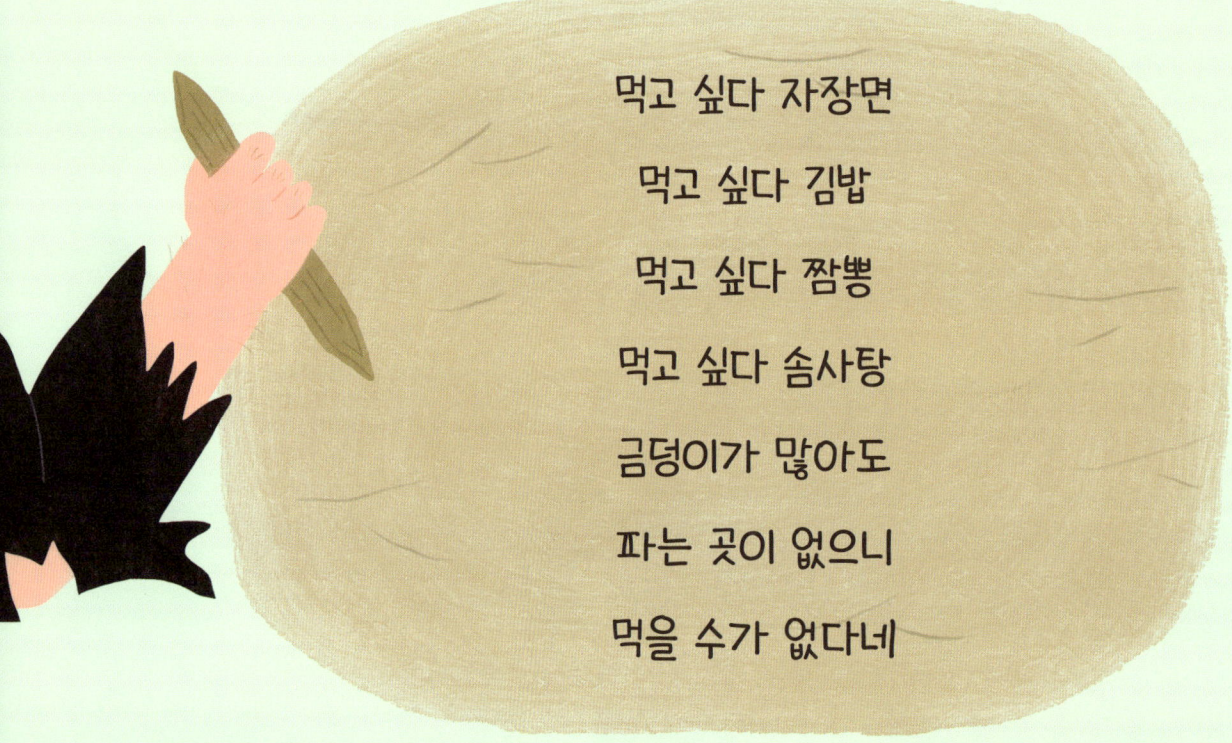

먹고 싶다 자장면

먹고 싶다 김밥

먹고 싶다 짬뽕

먹고 싶다 솜사탕

금덩이가 많아도

파는 곳이 없으니

먹을 수가 없다네

이 시의 제목은 무엇일까요?

이 시를 쓴 애꾸눈 해적의 마음은 어땠을까요?

시를 통해 짐작할 수 있는 애꾸눈 해적의 상황은 어떠할까요?

여러분도 하고 싶은 일을 시로 표현해 봐요.

하고 싶다 하고 싶다

....

정말 .... 하고 싶다

.... 도 하고

.... 도 하면

정말 좋겠네.

괴물 가족을 소개해요

관련 교과 2학년 1학기 국어 2. 자신 있게 말해요

괴물이 자신의 가족을 소개하고 싶대요.

엄마 괴물은 노래를 아주 잘하고,
아빠 괴물은 아주아주 힘이 세대요.
동생 괴물은 사냥을 진짜 잘하고요.

나는 강아지 푸푸,
이빨이 아주아주 튼튼해.

여러분도 자기소개를 해 봐요.

나는 .... 라고 해.

.... 를 잘하고 .... 을 싫어해.

.... 는 정말 좋아해.

난 이다음에 커서 .... 되고 싶어.

괴물들의 마음을 알아봐요

관련 교과 2학년 1학기 국어 3. 마음을 나누어요

꼬마 해적 빌과 고양이 치치, 강아지 푸푸는 괴물들과 신나게 놀았어요. 괴물들은 자신의 마음을 보여 주고 싶어 했지요.

꼬마 해적 빌과 고양이 치치, 강아지 푸푸는 괴물들이 사는 동굴을 떠나야만 해요. 빌은 괴물들이 슬퍼하지 않도록 편지를 쓰기로 했지요.

보기의 마음을 나타내는 말을 이용해 편지의 빈칸을 채워 봐요.

미안, 괴물들아.

나도 너희들을 만나서

정말 ....

하지만 우리에겐 해야 할 일이 있어.

모험도 계속해야 하고

언젠가는 사랑하는 엄마 아빠가

기다리고 있는 집으로 돌아가야 해.

떠날 생각을 하면 ....

하지만 보고 싶을 때 언제든 보러 올 수 있으니까.

그 생각을 하면 ....

보기

| 아주 행복해 | 매우 우울해 | 몹시 슬퍼 | 엄청 기뻐 | 두근두근 설레 |

서운해   반가워   즐거워   긴장돼

말놀이로 함정을 탈출해요

관련 교과 2학년 1학기 국어 4. 말놀이를 해요

해골섬을 돌아다니던 꼬마 해적 빌과 고양이 치치, 강아지 푸푸는 거대한 문을 발견했어요. 그 문을 열기 위해서는 문고리와 말잇기 놀이를 해서 이겨야 해요. 여러분도 함께 말놀이를 해 봐요.

헉, 문이 열리자 또 다른 문이 있어요.
이번에는 끝말잇기를 해야 문이 열린대요.

애꾸눈 해적의 편지를 따라 써요

관련 교과 2학년 1학기 국어 5. 낱말을 바르고 정확하게 써요

애꾸눈 해적이 꼬마 해적 빌에게 편지를 보냈어요. 앵무새가 편지를 배달해 주었지요.

애꾸눈 해적이 틀리게 쓴 말을 찾아 동그라미 해 봐요.

꼬마 해적에게

나는 이 섬을 지배하는 해적 애꾸눈이다.

이 섬에 있는 보물은 반듯이 내가 가질 것이다.

그러니 너는 아무것도 가져갈 수 없다.

만약 내 말을 어기면 닫히게 될 것이다.

이상 편지를 마치겠다.

엇, 편지가 좀 이상한 것 같아.

틀린 글자가 있어서 그래.

어? 어떤 글자가 틀렸는데?

정답 반듯이 → 반드시 닫히게 → 다치게

여러분도 친구나 엄마 아빠에게 마음을 담은 편지를 써 봐요.
맞춤법을 틀리지 않도록 조심해서요!

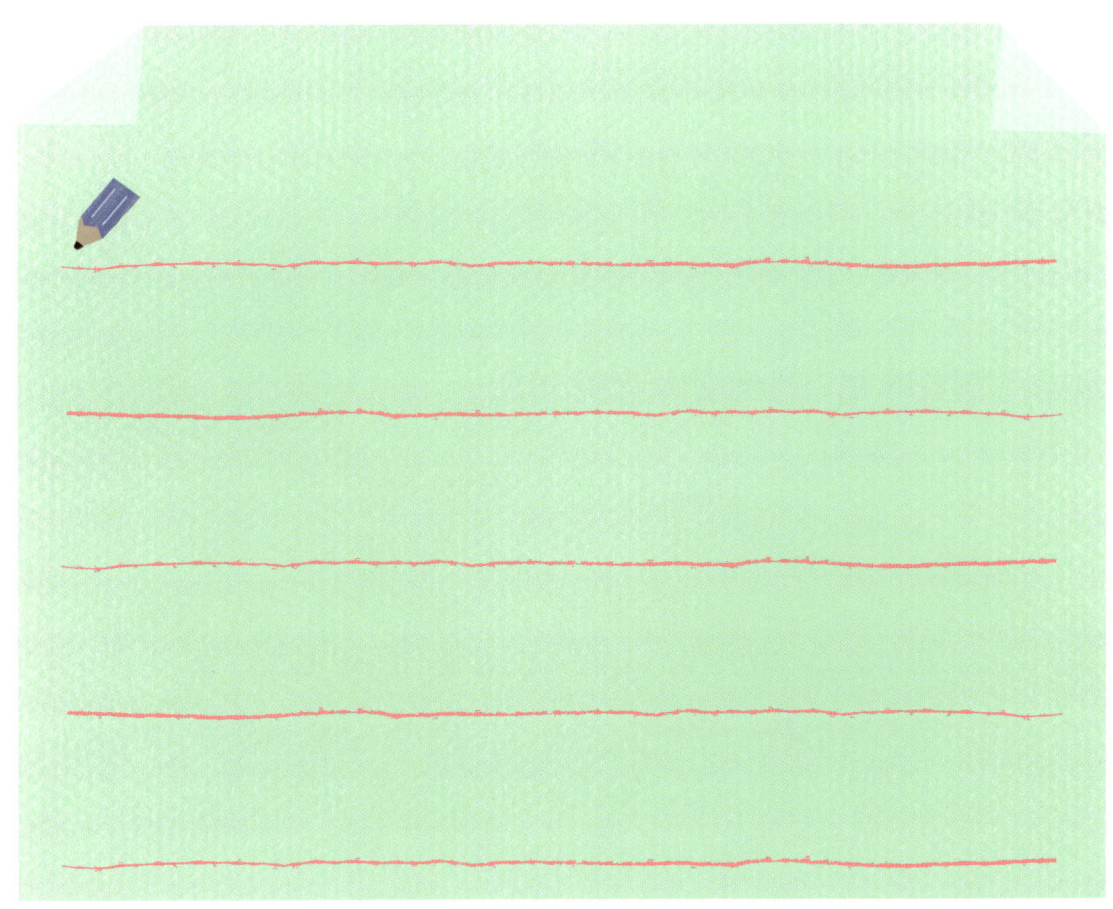

다치다
몸의 어느 부분을 맞거나 부딪쳐 상처가 나다.

반드시
틀림없이 꼭.

맞히다
문제에 대한 답을 틀리지 않다.

닫히다
문이나 서랍 등이 제자리로 가 막히다.

반듯이
물건이 비뚤어지지 않고 바르게.

마치다
어떤 일을 끝내다.

숨겨진 이야기를 상상해 봐요

관련 교과 2학년 1학기 국어 6. 차례대로 말해요

애꾸눈 해적은 해골섬에서 엄청난 보물을 찾았어요.
하지만 다른 해적들이 해적선을 몰고 떠나 버렸지 뭐예요.
그래서 애꾸눈 해적은 해골섬에 혼자 남게 되었어요.

다음 일을 상상하며 보기에서 찾아 적어 봐요.

애꾸눈은 부자가 되었지만 돈을 쓸 수 없었어요.

해골섬에는 상점도 없고 음식점도 없었거든요.

금은보화는 모두 ………… 돌멩이 같은 것이었지요.

애꾸눈은 금은보화보다는 함께 놀 수 있는 …………가 필요했어요.

그러던 어느 날 섬 앞으로 작고 낡은 뗏목이 떠내려 왔어요.

외로움에 지친 애꾸눈은 보물을 두고 …………

애꾸눈은 보물보다는 친구가 더 ………… 것을 깨달았어요.

보기

쓸모없는   아주 좋은   못된   형편없는
친구   형제   선생님   할아버지
떠났어요   버렸어요   지켰어요   이뤘어요
행복   기쁨   소중하다   필요하다

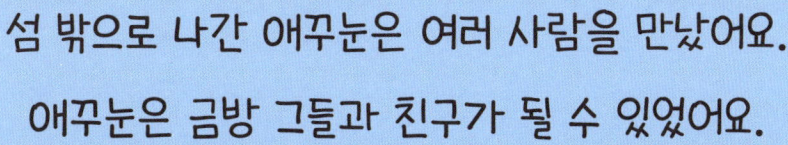

섬 밖으로 나간 애꾸눈은 여러 사람을 만났어요.

애꾸눈은 금방 그들과 친구가 될 수 있었어요.

애꾸눈은 마침내 돈보다 더 ……………… 것이 친구라는 걸 알게 되었답니다. 그제야 애꾸눈은 욕심을 ……………… 수 있었지요.

> **보기**
> 쓸데없는 / 값진 / 버릴

예시) 52쪽: 쓸모없는, 귀중, 더럽혀서도 발음운동가 53쪽: 값진, 버릴

가장 소중한 친구는 누구인가요?
이름을 쓰고, 그 친구를 기쁘게 할 만한 일을 한 가지 써 봐요.

나의 소중한 친구는 ……………………………………………

내 친구를 기쁘게 할 일은 …………………………………

………………………………………………………………………

………………………………………………………………………

황금을 찾으면 어떻게 할까요?

관련 교과 2학년 1학기 국어 7. 친구들에게 알려요

꼬마 해적 빌과 고양이 치치, 강아지 푸푸는 황금으로 된 자석을 발견했어요. 자석을 이용해 황금을 찾을 수 있대요. 어떻게 사용할까요?

빌과 치치, 푸푸는 황금 자석을 이용해 황금을 캤어요. 그런데 이 황금을 어디에 써야 할까요? 계속 갖고 있으면 불행한 일이 생긴다는데 과연 어떤 일이 생길까요?

나는 황금을 이용해 .... 을 사고 싶어.

나에게 생길 불행한 일은 아마도 ....

나는 황금을 이용해 .... 을 사고 싶어.

나에게 생길 불행한 일은 아마도 ....

나는 황금을 이용해 .... 를 사고 싶어.

나에게 생길 불행한 일은 아마도 ....

황금으로 내가 먹고 싶은 것도 살 수 있겠지?

황금을 쓰지 않으면 어떤 일이 생길까?

해적 만화를 만들어요

관련 교과 2학년 1학기 국어 8. 마음을 짐작해요

꼬마 해적이 배를 타고 가다가 다른 해적선을 발견했어요.
빌과 해적이 어떤 말을 할지 상상해서 적어 볼까요?

해골섬을 실감 나게 이야기해요

관련 교과 2학년 1학기 국어 9. 생각을 생생하게 나타내요

꼬마 해적 빌은 동네 친구들에게 해골섬에서 있었던 일을 이야기해 주었어요. 꾸며 주는 말을 사용해 빌의 모험담을 더욱 실감 나게 표현해 봐요.

해골섬은 .... 괴물들이 사는 마법의 섬이었어.
해골섬 한가운데는 물이 .... 흐르는 폭포가 있었지.

나는 폭포 아래에 있는 .... 동굴로 들어갔어.
그곳에는 .... 한 황금 지팡이가 있었지.
그 지팡이는 마법의 지팡이였어.
지팡이를 이용하면 황금을 찾을 수 있었어.

해골섬을 탈출하기 위해 우리는 마법의 배에 올라탔어.
배는 하늘을 .... 날아갔지.
덕분에 집에 무사히 도착할 수 있었어.

예시 금이 번쩍번쩍 어두컴컴한 콸콸 무시무시한

여러분은 어떤 경험이 기억에 남나요?
보기의 꾸며 주는 말을 넣어 실감 나게 써 봐요.

예시) 나는 아빠랑 땀을 뻘뻘 흘리며 산에 올라갔어.
산꼭대기에 오르니 바람이 산들산들 불어서 아주 시원했어.

꾸며 주는 말을 쓰면 더욱 실감 나고 생생하게 전달되는 것 같아.

보기

콸콸   무시무시한
주룩주룩
훨훨
파릇파릇
살랑살랑
반짝반짝
멋진
뻘뻘   산들산들
미끌미끌한

샌드위치 맛을 표현해요

관련 교과 2학년 1학기 국어 9. 생각을 생생하게 나타내요

꼬마 해적 빌은 해골섬에서 만난 괴물 가족을 집으로 초대하기로 했어요. 빌은 괴물 가족에게 줄 특별한 샌드위치도 만들었지요.

샌드위치 만드는 법

1. 식빵 준비
식빵의 테두리를 잘라요.

2. 잼 바르기
빵의 한쪽 면에 잼을 발라요.

3. 토핑 얹기
빵에 치즈와 햄을 차례대로 놓아요.

4. 샌드위치 완성하기
나머지 빵을 치즈와 햄 위에 뚜껑처럼 덮어요.

이건 너무 평범해서 괴물들은 좋아하지 않을 것 같아.

맞아, 괴물들은 더 특별한 재료를 넣은 샌드위치를 좋아할 거야.

특별한 샌드위치를 만들고 싶다면 어떤 재료를 추가하는 것이 좋을까요?

동굴에서 자라는 이끼 박쥐 눈알 지렁이 똥구멍
용 발톱 무지개 아이스크림

특별한 재료를 넣어 만든 샌드위치 맛을 표현해 볼까요?

내가 만든 샌드위치는
……………………… 일 거예요.

보기 꿀맛 장미 맛 눈이 번쩍 뜨이는 맛 식초 맛 설탕 맛
살살 녹아 내리는 맛 신기한 맛 버터 맛 둘이 먹다 하나가 기절해도 모를 맛
된장 맛 잠이 번쩍 깨는 맛 이상한 맛 깔끔한 맛 우웩 하는 맛

해적에게 어울리는 옷을 만들어요

관련 교과 2학년 1학기 국어 11. 상상의 날개를 펴요

꼬마 해적 빌은 해적에게 어울리는 옷을 만들기로 했어요. 아래 빈 칸을 채워 봐요.

여러분도 내가 입고 싶은 옷을 직접 그려 봐요.
그리고 그 옷의 장점과 단점은 무엇일지 써 봐요.

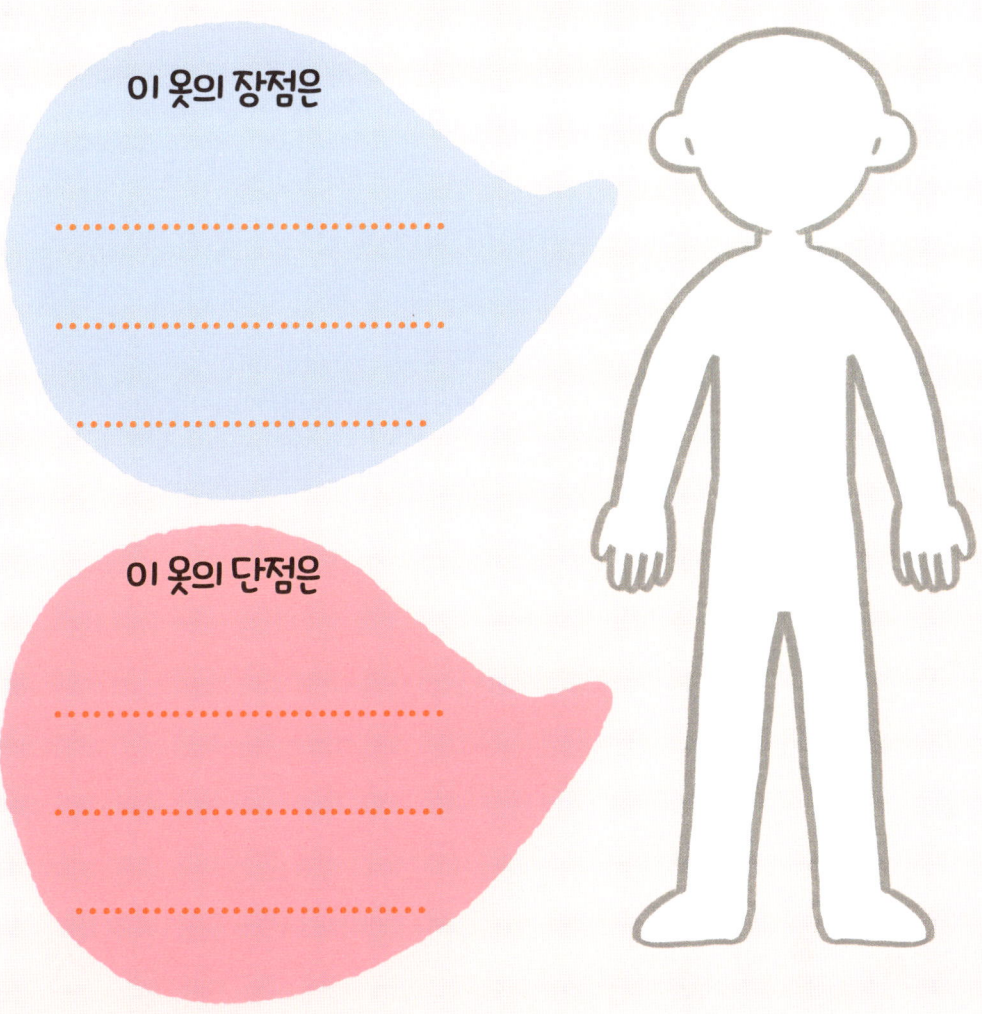

이 옷의 장점은

이 옷의 단점은

내가 만든 옷은 어떤 곳에 입고 가면 좋을까요?

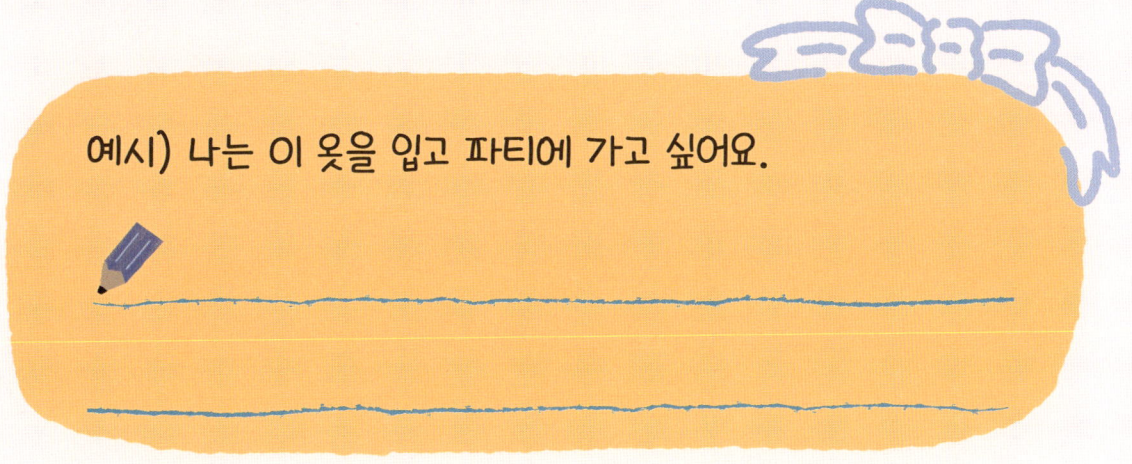

예시) 나는 이 옷을 입고 파티에 가고 싶어요.

세 번째 이야기
로보키오와 제페토 박사

제페토 박사는 로봇을 만들었어요.
"이 로봇이 사람처럼 살아 있다면 얼마나 좋을까."
그날 밤, 제페토 박사가 잠들자 요정이 나타났지요.
요정은 로봇에게 마법을 부렸어요.
"우아, 내가 움직이게 되었네!"
로봇이 삐걱거리며 움직였어요.
"이제부터 네 이름은 로보키오란다.
사람이 되고 싶다면 착한 일을 해야 해."

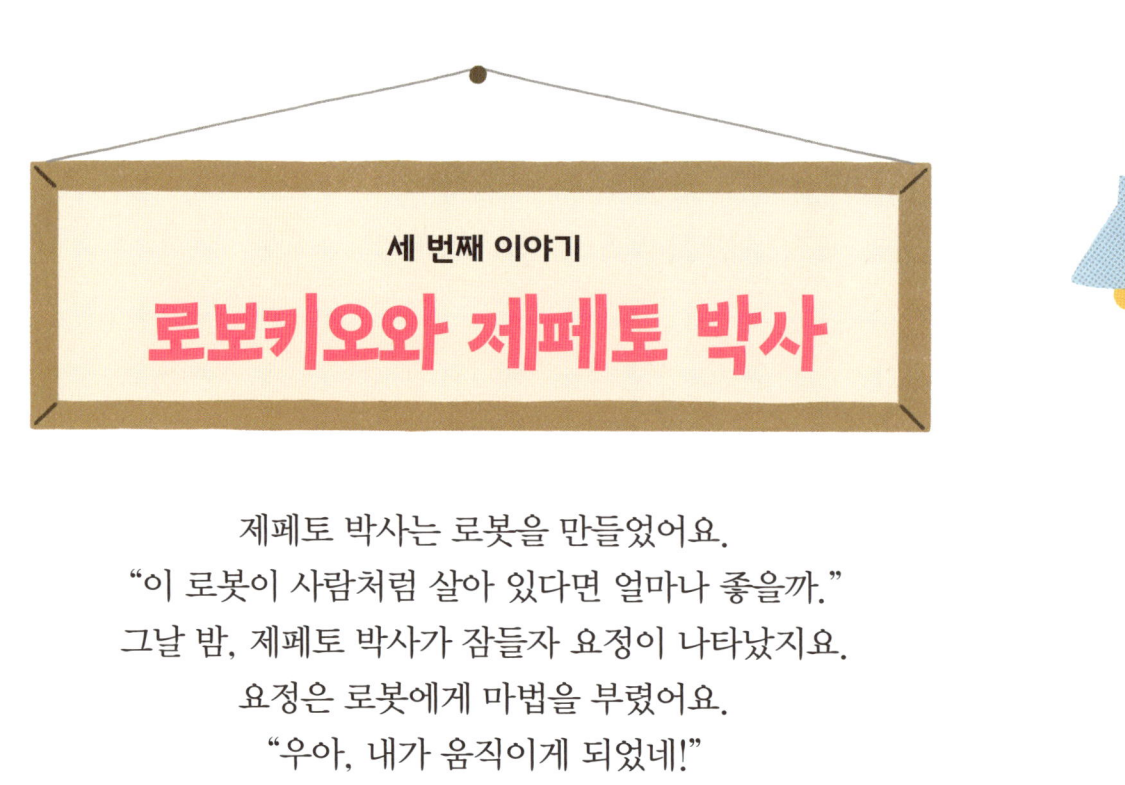

다음 날 로보키오는 착한 일을 하기 위해 바깥으로 나갔어요.
로보키오를 발견한 고양이 톰과 봅이 살금살금 다가갔어요.
"꼬마 로봇, 우리랑 같이 다니지 않을래?"
"우린 정말 착한 고양이들이야."
"좋아. 난 착한 일을 해야 하거든."
로보키오가 톰과 봅에게 함께 가자고 말했어요.

특별한 사탕을 만들어요

관련 교과 2학년 1학기 봄 1. 알쏭달쏭 나

"로보키오, 맛있는 사탕이 먹고 싶지 않니?"
"진짜 진짜 먹어 보고 싶어!"
톰과 봅은 로보키오에게 룰루 아저씨의 사탕 가게에서 사탕을 얻어 오라고 했어요.
룰루 아저씨는 자기를 도와주면 사탕을 나눠 주겠다고 했지요.
로보키오는 룰루 아저씨를 도와 열심히 일했어요.

여러분은 어떤 맛 사탕을 만들고 싶나요?

여러 가지 재료들을 이용해 특별한 사탕을 만들어 봐요.

나는 .... 으로 사탕을 만들고 싶어요.

그 사탕을 먹으면 ....이 될 거예요.

그런데 로봇이었던 로보키오는 톰이나 봅처럼 맛을 느낄 수 없었어요. 로보키오가 맛을 느낄 수 있는 장치를 어디에 붙이면 좋을까요?

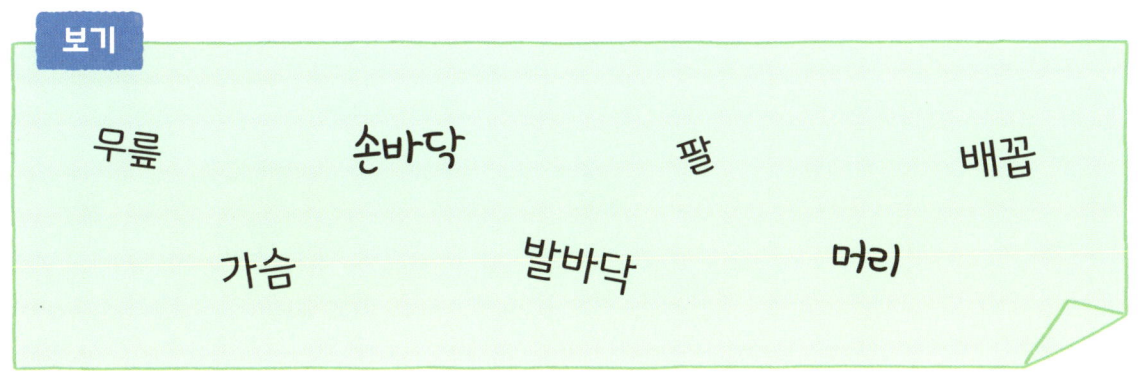

나는 이다음에 커서 뭐가 될까요?

관련 교과 2학년 1학기 봄 1. 알쏭달쏭 나

고양이 톰은 멋진 정원사가 되는 것이 꿈이래요.
밥은 우주 비행사가 되는 것이 꿈이고요.
로보키오도 꿈을 갖고 싶었지요.

로보키오는 뭘 하고 싶은지 꿈을 써 보기로 했어요.

내 이름은 로보키오입니다.
나는 힘이 아주 세고 발차기도 잘합니다.
또 엄청 빨리 달릴 수 있으니까
....

로보키오가 좋아하는 것을 바탕으로 어울리는 직업을 써 봐요.

여러분도 잘하는 일은 무엇인지, 좋아하는 일은 무엇인지 써 봐요. 또 이다음에 커서 어떤 일을 하면 좋을지 생각해 봐요.

내가 좋아하는 일	내가 잘하는 일	내가 하고 싶은 일

날씨를 이야기해 봐요

관련 교과 2학년 1학기 봄 2. 봄이 오면

보기의 알맞은 표현을 넣어 일기 예보를 완성해요.

내일의 날씨를 알려 드립니다. 내일의 날씨는 아주 ………… 것 입니다. 그러니 외출하실 분들은 ………… 를 꼭 준비하세요.

보기 맑을   흐릴   더울   비올   모자   우산   외투   부채
           추울   눈올

봄에 날씨는 어떤가요?

봄이 되면 날씨가 ....

....

봄이 되면 좋은 점을 써 봐요.

....

....

봄이 되면 싫은 점도 써 봐요.

....

....

꽃이 핀다

새싹이 피어난다

봄 소풍을 간다

졸음이 온다

봄비가 온다

황사, 미세 먼지가 많다

재미있는 이야기를 완성해요

관련 교과 2학년 1학기 봄 2. 봄이 오면

로보키오와 톰, 봅은 봄 동산으로 소풍을 갔어요. 아름다운 봄 동산에는 ....도 있고, ...도 있고, ...도 있었지요.

또 봄 동산에는 겨우내 잠을 자던 용도 있고, 꽁꽁 얼어붙은 ....도 있었어요. 로보키오는 실수로 겨울잠을 자던 용의 코털을 건드리고 말았어요. 그러자 잠에서 깬 용이 ....을 했어요.

그 바람에 화들짝 놀란 개구리들이 잠에서 깨어 ....

개구리 울음소리를 들은 ....은 ....

화가 난 봄의 요정은 ....를 이용해 ....

배가 고파진 로보키오와 톰, 봅은 ....을 아주 맛있게 먹었지요.

..............을 먹은 톰과 봅은 꽃으로 변했어요.

갑자기 코가 간지러워진 로보키오가 재채기를 하자

톰과 봅의 마법이 풀려 버렸지요. 아주 재미있는 봄 소풍이었어요.

과자로 만든 집을 구경해요

관련 교과 2학년 1학기 여름 1. 이런 집 저런 집

로보키오와 톰, 봅은 숲에서 과자로 만든 집을 발견했어요.
이 집은 누구의 집일까요?

과자로 만든 집의 지붕은 ············이고,

기둥은 ············이고, 창문은 ············였어요.

화단의 꽃들은 ············이고,

벽돌은 ············으로 만들어진 집이었지요.

똑똑똑, 로보키오가 문을 두드리자
············가 나타났어요.

나는 이다음에 포근한 지푸라기로 집을 지을 거야.

나는 아주 튼튼한 벽돌로 집을 지을 거야.

여러분은 이다음에 어떤 집을 짓고 싶나요?
살고 싶은 집을 상상해서 소개해 봐요.

나는 ………로 집을 지을 거예요.

층수는 ………짜리 집이에요.

창문 모양은 ………이고요,

화단에는 ………를 심을 거예요.

우리 집에서는 ………이 잘 보여요.

벽은 ………색으로 칠할 거예요.

가족에게 감사 편지를 써 봐요

관련 교과 2학년 1학기 여름 1. 이런 집 저런 집

로보키오는 자신을 만들어 준 제페토 박사가 그리웠어요. 그래서 감사 편지를 쓰기로 했지요.

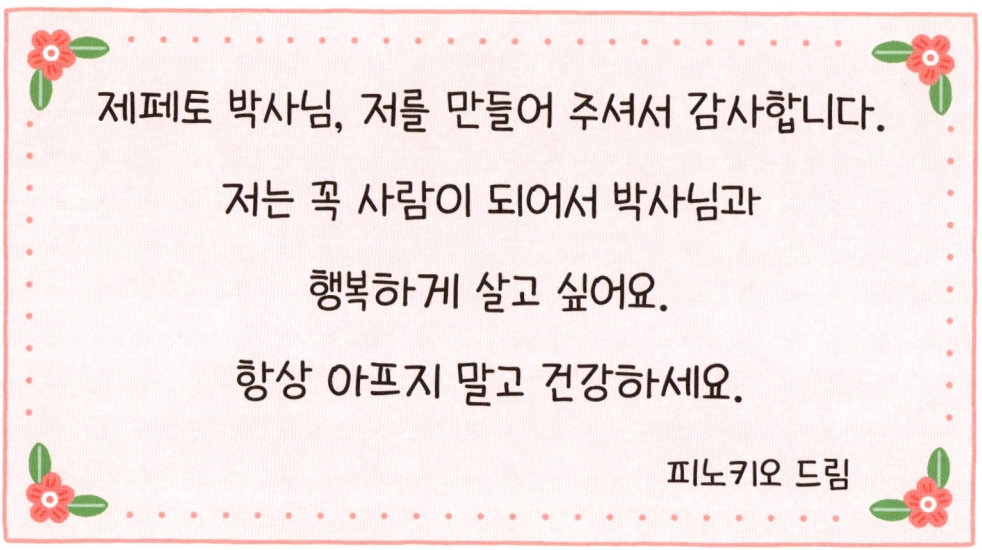

여러분도 로보키오처럼 가족에게 감사 편지를 써 봐요.

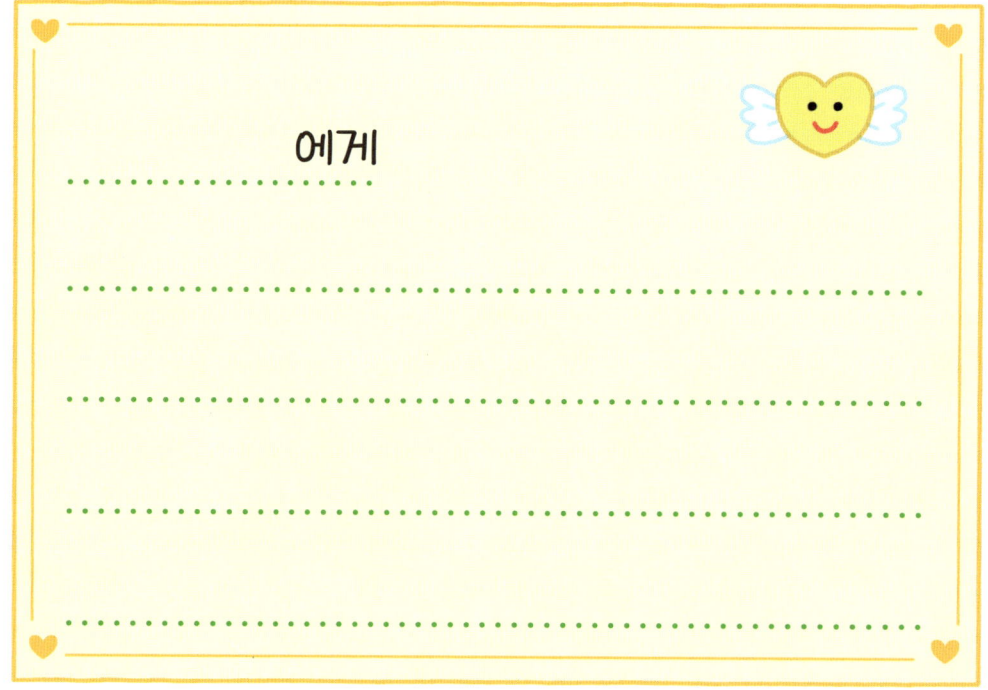

편지 봉투에 여러분의 마음을 전하는 꾸밈말을 써 볼까요?

여름을 떠올려 봐요

관련 교과 2학년 1학기 여름 2. 초록이의 여름 여행

로보키오와 톰, 봅은 여름 동산을 지나가게 되었어요.
여름 동산에는 곤충 친구들이 많았어요.
............도 있고, ...도 있고,
............도 있었지요.

보기 　개미　거미　사슴벌레　무당벌레　잠자리　매미

여러분은 어떤 곤충이 부럽나요? 그 이유는 무엇인가요?

로보키오를 구해 줘요

관련 교과 2학년 1학기 여름 2. 초록이의 여름 여행

로보키오와 톰과 봅은 바닷가로 놀러 왔어요. 로보키오는 신나게 수영을 하고 놀았지요. 그런데 몸이 삐걱삐걱, 어딘가 고장이 난 것 같아요.

로보키오가 움직이지 못하는
이유는 무엇일까요?

로보키오를 고치려면
어떻게 해야 할까요?

여름엔 어떤 놀이를 하면 좋을지 상상해서 써 봐요.

우리 아이 문해력 키우는
창의력 글쓰기 2

서지원 글 임다와 · 남궁선하 · 양소이 그림
초판 1쇄 발행일 2022년 11월 25일
펴낸이 박봉서 **펴낸곳** (주)크레용하우스 **출판등록** 제1998-000024호
편집 임은경 · 이민정 **디자인** 이혜인 · 김금순 **마케팅** 한승훈 · 신빛나라
주소 서울 광진구 천호대로 709-9 **전화** (02)3436-1711 **팩스** (02)3436-1410
홈페이지 www.crayonhouse.co.kr **이메일** crayon@crayonhouse.co.kr

ⓒ 서지원 2022
이 책에 실린 글과 그림은 무단 전재 및 무단 복제할 수 없습니다.
KC마크는 이 제품이 공통안전기준에 적합하였음을 의미합니다.

ISBN 978-89-5547-966-9 74800